Aprendiendo a ser la iglesia

para niños

Aprendiendo a ser
la iglesia

Heriberto y Elsa Hermosillo

Semilla
de Mostaza

para niños

Vida®

SEMBRADOS EN BUENA TIERRA
APRENDIENDO A SER LA IGLESIA - NIÑOS
Edición publicada por Editorial Vida - 2008
Miami, Florida

© 2008 Heriberto y Elsa Hermosillo

Adaptación para niños: *Patricia Sánchez*
Adaptación del interior: *Good Idea Productions*
Diseño de cubierta: *Rodrigo Galindo*
Adaptación: *Cathy Spee*
Coordinadora de producción: *Mariana Díaz González*

ISBN: 978-0-8297-5702-6

Categoría: Ministerio cristiano / Discipulado

Impreso en Estados Unidos de América
Printed in the United States of America

08 09 10 11 ❖ 6 5 4 3 2 1

Índice

Sembrados en Buena Tierra para niños

Sembrados en Buena Tierra para niños, es un material dirigido a padres y maestros que desean instruir a niños entre 4 y 12 años en la palabra de Dios.

Para este fin, la estructura que se presenta es:

1. Objetivo
Identifica los puntos principales a reforzar.

2. Textos
Pasajes bíblicos que son la base de la enseñanza.

3. Versículo a memorizar

4. Desarrollo del tema
Es una guía de la enseñanza, para padres y maestros, en el extremo derecho de la hoja, se incluyen también los pasajes bíblicos que se citan durante la enseñanza.

5. Aprendizaje activo
Actividades y juegos, para niños pequeños y grandes, que sirven para fijar la enseñanza de una manera práctica y divertida.
El padre o maestro, puede sacar fotocopias de las ilustraciones y hojas de actividades, para repartir a sus niños.

Aprendiendo a ser un discípulo para niños
Los niños aprenden a descubrir la diferencia entre ser un creyente y ser un discípulo, y se preparan para alcanzar este objetivo a través de 7 pasos.

Aprendiendo a orar para niños
Nuestros hijos pueden desde pequeños aprender los principios que Jesús enseñó a sus discípulos, cuando estos le pidieron, «enséñanos a orar».
Basados en lo que conocemos como «El padrenuestro» (Mt 6:5-13), los padres y maestros cuentan con una herramienta útil y práctica para comunicar esta importante enseñanza.

Edificando un hogar feliz
¿De dónde venimos? ¿Cuál es nuestro propósito? ¿Qué es una familia? ¿Cómo funciona?
Respuestas a estas preguntas preparan a nuestros niños para cumplir su propósito tomando en cuenta a aquel que creó la familia y desea que tengamos un hogar feliz.

El secreto de las finanzas sanas
Los niños están listos para aprender a identificar los recursos que el Señor les ha regalado.
Cómo honrar a Dios y tener cuidado de no permitir que la provisión que el Señor añade se pierda.

Contáctenos
Elsa Hermosillo
tfbeto@yahoo.com

1 { **Una iglesia dependiente** }

Objetivos:

Ayudar al niño a...
• Aprender qué significa la palabra «iglesia»
• Saber qué necesitamos, para alcanzar el propósito que Dios tiene para nuestras vidas.

Textos:

Juan 13:24-35; Mateo 28:19-20; 1 Corintios 12:12

Versículo a memorizar:

«Los encomiendo a Dios y al mensaje de su gracia, mensaje que tiene poder para edificarlos» *Hechos 20:32 NVI*

Desarrollo del tema:

Hoy iniciaremos una serie de lecciones que nos enseñarán cómo ser la iglesia. La iglesia no es el edificio en donde nos reunimos cada domingo.

La palabra iglesia viene del griego «ekklesia» que significa «asamblea», es decir, un grupo de personas que son discípulos de Jesús, por lo que también se conoce como «el cuerpo de Cristo».

Cuando Jesús estuvo en la tierra enseñó a sus discípulos un mandamiento, «amarnos unos a otros» (Juan 13:24-35) y antes de regresar al cielo les dejó una tarea, «hacer discípulos» (Mateo 28:19-20). Esta tarea es para todos los que amamos a Jesús y somos sus discípulos.

Para poder cumplir esta tarea y formar el cuerpo de Cristo dependemos de 3 cosas:

• *El poder del Espíritu Santo.* (Juan 15:4-5) Cuando Jesús regresó al cielo no nos dejó solos, él dejó al Espíritu Santo, para estar todos los días con nosotros.

• *Su gracia.* (Juan 17:3) La palabra de Dios nos enseña el plan para nuestras vidas. Nos dice que Jesús vino a salvarnos, que nuestros pecados son perdonados y nuestra antigua vida es reemplazada por una nueva.

• *La comunión con todos los santificados.* (1 Juan 1:6-7) esta comunión la tenemos cuando nos reunimos con personas que también aman a Jesús y juntos formamos su imagen, es decir formamos «el cuerpo de Cristo» donde Cristo es la cabeza (1 Corintios 12:12), y nosotros los miembros, por eso decimos que nosotros somos la iglesia.

¿Quién es el Espíritu Santo?

El Espíritu Santo es Dios y él vive en nuestro corazón; ¿has tenido alguna vez la visita de algún familiar que viene de otra ciudad, está contigo algunos días y después tiene que regresar a su casa? Esta persona ya no la puedes ver porque se ha ido, pero ella está, en tu corazón y en tus pensamientos.

Juan 13:24-35
A éste, pues, hizo señas Simón Pedro, para que preguntase quién era aquel de quien hablaba. Él entonces, recostado cerca del pecho de Jesús, le dijo: Señor, ¿quién es? Respondió Jesús: A quien yo diere el pan mojado, aquél es. Y mojando el pan, lo dio a Judas Iscariote hijo de Simón. Y después del bocado, Satanás entró en él. Entonces Jesús le dijo: Lo que vas a hacer, hazlo más pronto. Pero ninguno de los que estaban a la mesa entendió por qué le dijo esto. Porque algunos pensaban, puesto que Judas tenía la bolsa, que Jesús le decía: Compra lo que necesitamos para la fiesta; o que diese algo a los pobres. Cuando él, pues, hubo tomado el bocado, luego salió; y era ya de noche. Entonces, cuando hubo salido, dijo Jesús: Ahora es glorificado el Hijo del Hombre, y Dios es glorificado en él. Si Dios es glorificado en él, Dios también le glorificará en sí mismo, y en seguida le glorificará. Hijitos, aún estaré con vosotros un poco. Me buscaréis; pero como dije a los judíos, así os digo ahora a vosotros: A donde yo voy, vosotros no podéis ir. Un mandamiento nuevo os doy: Que os améis unos a otros; como yo os he amado, que también os améis unos a otros. En esto conocerán todos que sois mis discípulos, si tuviereis amor los unos con los otros.

Mateo 28:19-20
Por tanto, id, y haced discípulos a todas las naciones, bautizándolos en el nombre del Padre, y del Hijo, y del Espíritu Santo; enseñándoles que guarden todas las cosas que os he mandado; y he aquí yo estoy con vosotros todos los días, hasta el fin del mundo. Amén.

1 Corintios 12:12
Porque así como el cuerpo es uno, y tiene muchos miembros, pero todos los miembros del cuerpo, siendo muchos, son un solo cuerpo, así también Cristo.

Algo parecido sucedió con Jesús, el vino a la tierra, estuvo un tiempo aquí y regresó con su Padre. Por eso es que no lo podemos ver, pero el vive en nuestro corazón y en nuestros pensamientos, en la forma del Espíritu Santo (1 Juan 2:27).

El Espíritu Santo tiene 5 funciones:

1. Ayudador. Nos ayudará a vivir en la verdad; morando y estando con nosotros; dándonos ánimo en todo tiempo (Juan 14:17; Hechos 18:9-10; 23:11).

2. Maestro. Nos enseñará recordándonos y ayudándonos a entender las Escrituras y las enseñanzas de Jesús (Juan 14:26; Hechos 1:16).

3. Testigo. Dará testimonio a nuestro corazón, de la presencia y el propósito del Señor Jesús en nuestras vidas, y nos habilitará para ser testigos (Ro 8:16; Juan 15:26; Lucas 12:12; Hechos 1:8).

4. Redargüidor. Nos mostrará nuestra necesidad de ser perdonados, y nos transformará a la imagen de Cristo (Juan 16:8; Hechos 2:38).

5. Guía. Nos guiará a todos los detalles que oyere del Hijo y nos los hará saber, con el propósito de mostrar a Jesús a través de nuestras vidas diarias (Juan 16:13; Hechos 8:29; 9:11-15).

Para cumplir con el propósito de Dios en nuestra vida, que es formar la imagen de Jesucristo, debemos aprender a caminar con el Señor teniendo comunión diaria con él, en oración, en la lectura de su palabra, y formando parte de su cuerpo, es decir formar parte de la iglesia.

Hechos 20:32 (NVI)
Ahora los encomiendo a Dios y al mensaje de su gracia, mensaje que tiene poder para edificarlos y darles herencia entre todos los santificados.

Juan 15:4-5
Permaneced en mí, y yo en vosotros. Como el pámpano no puede llevar fruto por sí mismo, si no permanece en la vid, así tampoco vosotros, si no permanecéis en mí. Yo soy la vid, vosotros los pámpanos; el que permanece en mí, y yo en él, éste lleva mucho fruto; porque separados de mí nada podéis hacer.

Juan 17:3
Y esta es la vida eterna: que te conozcan a ti, el único Dios verdadero, y a Jesucristo, a quien has enviado.

1 Juan 1:6-7
Si decimos que tenemos comunión con él, y andamos en tinieblas, mentimos, y no practicamos la verdad; pero si andamos en luz, como él está en luz, tenemos comunión unos con otros, y la sangre de Jesucristo su Hijo nos limpia de todo pecado.

1 Juan 2:27
Pero la unción que vosotros recibisteis de él permanece en vosotros, y no tenéis necesidad de que nadie os enseñe; así como la unción misma os enseña todas las cosas, y es verdadera, y no es mentira, según ella os ha enseñado, permaneced en él.

Juan 14:17
El Espíritu de verdad, al cual el mundo no puede recibir, porque no le ve, ni le conoce; pero vosotros le conocéis, porque mora con vosotros, y estará en vosotros.

Hechos 18:9-10
Entonces el Señor dijo a Pablo en visión de noche: No temas, sino habla, y no calles; porque yo estoy contigo, y ninguno pondrá sobre ti la mano para hacerte mal, porque yo tengo mucho pueblo en esta ciudad.

1 {Una iglesia dependiente}

Aprendizaje activo

● Niños pequeños

1. Colorea el dibujo.
2. Enseñanza práctica. Para esta actividad necesitaremos un imán y varios clips de metal, muestre a los niños cómo puede el imán atraer hacia él los clips y mantenerlos unidos. Pero si quitamos el imán o lo mantenemos lejos los clips no podrán unirse nunca. Los clips para permanecer unidos dependen de la fuerza del imán. El cuerpo de Cristo para permanecer unido a la cabeza que es Cristo depende del poder del Espíritu Santo.

Material:
- Copia del dibujo
- Crayones
- Imán
- Clips de metal

● Niños GRANDES

1. Enseñanza práctica. Muestra a los niños un radio portátil o un reproductor MP3. Explica a los niños que para que estos aparatos funcionen dependen de una fuente de energía (pilas o electricidad). Esta fuente de energía les dan el poder que necesitan para hacer aquello para lo cual fueron creados. Si nuestro aparato no está conectado a esa fuente de energía no pueden hacer nada. Otra cosa importante, puede estar conectado a la fuente de energía, pero si no lo prendemos tampoco va a funcionar. Así también los hijos de Dios, debemos tener comunión diaria con el Señor, en oración, en la lectura de su palabra, para estar conectados a la fuente de energía y activar el poder del Espíritu Santo obedeciendo su palabra.
2. Contesta el cuestionario
3. Desprende el versículo a memorizar, puedes usar tijeras con un corte decorativo. Guarda los versículos en un sobre de 10 ½ cm. x 24 cm. para que los vayas repasando. El sobre lo puedes decorar a tu gusto.

Material:
- Copias del cuestionario
- Sobres para cartas de 10 ½ cm x 24 cm
- Marcadores, crayones o lápices de colores
- Tijeras

Niños pequeños

Instrucciones:
Colorea el dibujo

1 { **Una iglesia dependiente** }

«Los encomiendo a Dios y al mensaje de su gracia, mensaje que tiene poder para edificarlos». **Hechos 20:32 (NVI)**

Niños GRANDES

| Hoja de actividades | 1 { Una iglesia dependiente } |

1 ¿Falso ó verdadero?

1. La iglesia depende del poder de la palabra de Dios.

☐ FALSO ☐ VERDADERO

2. Iglesia o ekklesia significa «asamblea»

☐ FALSO ☐ VERDADERO

3. Los discípulos de Jesús formamos «el cuerpo de Cristo»

☐ FALSO ☐ VERDADERO

4. Dios vive en nuestro corazón en la forma del Espíritu Santo.

☐ FALSO ☐ VERDADERO

2 Llena los espacios en blanco

Escribe las 5 funciones que el Espíritu Santo tiene en nuestra vida:

A _____ M _____

R _____ T _____

G _____

3 Recorta el versículo y guárdalo en tu sobre

«Los encomiendo a Dios y al mensaje de su gracia, mensaje que tiene poder para edificarlos».
Hechos 20:32 (NVI)

Notas

....

....

....

....

....

....

....

....

....

....

....

....

....

....

....

....

....

....

2 { Una iglesia unánime }

Desarrollo del tema:

Todos los miembros de la iglesia formamos el cuerpo de Cristo y necesitamos aprender a estar unánimes.

¿Que significa unánime? Que estamos de acuerdo, que tenemos una misma manera de pensar y una misma manera de sentir (Hechos 4:32) para que todos podamos ser uno y caminar juntos en una misma dirección. Esa forma de pensar y sentir debe ser la misma que tiene Cristo, porque él es la cabeza del cuerpo, y él da las ordenes de lo que debe hacer cada parte del cuerpo.

¿Como vamos a conseguir estar unánimes? En la palabra de Dios tenemos el ejemplo de la primera iglesia:

1. ***Estando juntos en el mismo lugar. Hechos 2:1***
   Es importante que todos los que formamos el cuerpo de Cristo, nos reunamos en un mismo lugar para aprender su palabra, amarnos y cuidarnos unos a otros.
2. ***Perseverando en oración y ruego. Hechos 1:4***
   Para que Dios conteste nuestras oraciones, necesitamos estar de acuerdo y orar conforme a su voluntad.
3. ***Escuchando atentamente su palabra. Hechos 8:6***
   La única manera para que siendo tan diferentes, podamos pensar y sentir igual, es que el Señor cambie nuestra manera de pensar con su palabra.
4. ***Desarrollando una misma mente y un mismo corazón. Hechos 4:32***
   La palabra de Dios es la mente de Cristo, y para pensar igual que Cristo y tener un corazón como el de él, debemos leer su palabra, guardarla en nuestro corazón y obedecerla, eso nos enseñará el camino a seguir.
5. ***Dando a conocer su palabra con valor. Hechos 4:23-30***
   Los que amamos a Jesús debemos hablar a otras personas de su amor, perdón, misericordia y gracia.

El Salmo 133 dice que cuando estamos unánimes disfrutamos estar con nuestros hermanos, es como una medicina que llega a todos, Dios envía bendición y vida eterna.

Romanos 15:5-6
Pero el Dios de la paciencia y de la consolación os dé entre vosotros un mismo sentir según Cristo Jesús, para que unánimes, a una voz, glorifiquéis al Dios y Padre de nuestro Señor Jesucristo.

Hechos 4:32
Y la multitud de los que habían creído era de un corazón y un alma; y ninguno decía ser suyo propio nada de lo que poseía, sino que tenían todas las cosas en común.

Hechos 4:32 (NVI)
Todos los creyentes eran de un solo sentir y pensar. Nadie consideraba suya ninguna de sus posesiones, sino que las compartían.

Hechos 2:1
Cuando llegó el día de Pentecostés, estaban todos unánimes juntos.

Hechos 1:4
Y estando juntos, les mandó que no se fueran de Jerusalén, sino que esperasen la promesa del Padre, la cual, les dijo, oísteis de mí.

Hechos 8:6
Y la gente, unánime, escuchaba atentamente las cosas que decía Felipe, oyendo y viendo las señales que hacía.

Hechos 4:23-30
Y puestos en libertad, vinieron a los suyos y contaron todo lo que los principales sacerdotes y los ancianos les habían dicho. Y ellos, habiéndolo oído, alzaron unánimes la voz a Dios, y dijeron: Soberano Señor, tú eres el Dios que hiciste el cielo y la tierra, el mar y todo lo que en ellos hay; que por boca de David tu siervo dijiste: ¿Por qué se amotinan las gentes, Y los pueblos piensan cosas vanas? Se reunieron los reyes de la tierra, Y los príncipes se juntaron en uno Contra el Señor, y contra su Cristo.

2 { Una iglesia unánime }

Aprendizaje activo

● **Niños pequeños**

1. Colorea el dibujo

Material:
- Copia del dibujo
- Crayones

● **Niños GRANDES**

1. Resuelve la sopa de letras
2. Contesta el cuestionario
3. Desprende el versículo a memorizar, puedes usar tijeras con un corte decorativo. Guarda los versículos en el sobre que decoraste en la clase anterior.

Material:
- Copias de la sopa de letras
- Copias del cuestionario
- Lápices de colores
- Tijeras

SEMBRADOS
EN BUENA TIERRA

Niños pequeños

Instrucciones: Colorea el dibujo

2 { **Una iglesia unánime** }

«Todos los creyentes eran de un solo sentir y pensar». **Hechos 4:32 (NVI)**

Niños GRANDES

I	C	O	R	A	Z	O	N	E	Q	O	G	E	U	R	W
G	E	R	T	Y	U	I	O	T	P	A	S	D	F	G	H
L	J	K	L	Z	X	C	V	N	B	N	M	L	K	J	P
E	P	O	J	I	U	G	F	E	D	E	R	W	Q	Y	A
S	E	C	U	N	A	N	I	M	E	V	O	S	I	M	L
I	F	A	N	E	S	T	A	E	F	A	T	P	S	E	A
A	S	D	T	U	N	A	T	O	M	L	C	E	H	R	B
M	T	E	O	R	E	N	A	C	E	O	Y	R	A	I	R
R	G	S	S	W	E	U	N	E	T	R	U	S	J	T	A
T	H	T	S	Y	M	T	O	S	B	M	N	E	W	N	T
O	J	E	E	Q	W	E	I	L	K	E	A	V	J	E	D
J	N	R	F	E	G	R	C	A	P	A	L	E	T	S	A
R	C	L	E	S	C	H	A	U	T	I	O	R	M	E	K
C	M	O	N	S	A	P	R	E	S	M	Y	A	M	H	O
D	A	R	A	C	O	N	O	C	E	R	I	R	G	L	M
H	Y	S	E	X	S	I	W	A	M	E	Y	R	T	O	P
R	A	H	C	U	C	S	E	Y	O	K	A	L	M	D	M

UNÁNIME	**PENSAR**	**SENTIR**	**MENTE**
JUNTOS	**IGLESIA**	**PERSEVERAR**	**ORACIÓN**
CORAZÓN	**CRISTO**	**DAR A CONOCER**	**RUEGO**
CREYENTES	**ESCUCHAR**	**VALOR**	**PALABRA**

«Todos los creyentes eran de un solo sentir y pensar». **Hechos 4:32 (NVI)**

Niños GRANDES

Hoja de actividades

2 { **Una iglesia unánime** }

1 Completa el versículo

Pero el _____ de la paciencia y de la _____ os dé
entre vosotros un _____ sentir según _____ Jesús,
para que _____ , a una voz, glorifiquéis al Dios y
_____ de nuestro Señor _____ . Romanos 15:5-6

2 Subraya la respuesta correcta

1. ¿Qué debemos hacer para pensar igual que Cristo y tener un corazón como el de él?

a) leer su palabra   b) ver la televisión   c) jugar videojuegos

2. ¿Dónde encontramos las instrucciones para nuestra vida?

a) En el manual de la computadora   b) en el diccionario   c) en la Biblia

3. ¿Qué significa unánimes?

a) Ser uniformes   b) tener un mismo pensar   c) caminar uno por uno

3 Recorta el versículo y guárdalo en tu sobre

«Todos los creyentes eran de un solo
sentir y pensar». Hechos 4:32 (NVI)

Notas

....

....

....

....

....

....

....

....

....

....

....

....

....

....

....

....

....

....

....

3 {Una iglesia ordenada}

Objetivos:

Ayudar al niño a...
- Saber que Cristo ha dado a cada quien una función para servir y formar parte del cuerpo de Cristo.
- Entender que todos los miembros del cuerpo son importantes.

Textos:

Efesios 4:8-16

Versículo a memorizar:

«Por su acción todo el cuerpo crece y se edifica en amor». *Efesios 4:16 (NVI)*

Desarrollo del tema:

En nuestra lección de hoy hablaremos de la función que cada persona tiene como miembro del cuerpo de Cristo. *(Romanos 12:5).*

El cuerpo de Cristo es como nuestro cuerpo que está formado por diferentes miembros, nosotros tenemos ojos, orejas, boca, brazos, piernas, corazón, pulmones, cabello, uñas, etc. Una mano no es un cuerpo, un diente tampoco es un cuerpo. De igual manera cada persona en la iglesia, es un miembro que forma parte del cuerpo de Cristo y tiene una tarea y un lugar en este cuerpo.

Todos los miembros del cuerpo somos importantes, ¿te imaginas si nuestro cuerpo fuera solo ojos? No podríamos hablar o escuchar o cantar, etc. Necesitamos todos los miembros para formar el cuerpo.

Así también la iglesia. Cada persona en ella tiene una tarea que realizar. Cada persona y cada tarea son importantes. Ningún miembro del cuerpo de Cristo debe creer que es más importante que otro. Los ojos no pueden decir a las manos «no las necesito»; la cabeza no puede decir a los pies, «no los necesito». El cuerpo necesita todos los miembros para funcionar bien.

Los miembros de la primera iglesia se dieron cuenta de que era necesario que ***todos*** ejercieran su función dentro del cuerpo de Cristo, tomando el lugar que Dios había dado a cada miembro.

El Señor da a cada persona un don diferente para participar en el crecimiento espiritual de la iglesia haciendo visible la imagen del Dios invisible.

Jesús es la cabeza del cuerpo. Él es el que dirige, y manda las órdenes al todo el cuerpo, haciendo posible que todos los miembros del cuerpo trabajen en orden y armonía.

Efesios 4:8-16
Por lo cual dice: Subiendo a lo alto, llevó cautiva la cautividad, Y dio dones a los hombres. Y eso de que subió, ¿qué es, sino que también había descendido primero a las partes más bajas de la tierra? El que descendió, es el mismo que también subió por encima de todos los cielos para llenarlo todo. Y él mismo constituyó a unos, apóstoles; a otros, profetas; a otros, evangelistas; a otros, pastores y maestros, a fin de perfeccionar a los santos para la obra del ministerio, para la edificación del cuerpo de Cristo, hasta que todos lleguemos a la unidad de la fe y del conocimiento del Hijo de Dios, a un varón perfecto, a la medida de la estatura de la plenitud de Cristo; para que ya no seamos niños fluctuantes, llevados por doquiera de todo viento de doctrina, por estratagema de hombres que para engañar emplean con astucia las artimañas del error, sino que siguiendo la verdad en amor, crezcamos en todo en aquel que es la cabeza, esto es, Cristo, de quien todo el cuerpo, bien concertado y unido entre sí por todas las coyunturas que se ayudan mutuamente, según la actividad propia de cada miembro, recibe su crecimiento para ir edificándose en amor.

Efesios 4:16 (NVI)
Por su acción todo el cuerpo crece y se edifica en amor, sostenido y ajustado por todos los ligamentos, según la actividad propia de cada miembro.

Romanos 12:5
También nosotros, siendo muchos, formamos un solo cuerpo en Cristo, y cada miembro está unido a todos los demás.

Por ejemplo, en nuestra iglesia, tenemos alguien que predica la palabra de Dios, este es el pastor. También hay miembros que ayudan al pastor a supervisar a los servidores que comparten la palabra en las células, tenemos maestros que nos enseñan cada domingo, están las personas de la banda que nos dirigen en la alabanza al Señor, los servidores que dan la bienvenida a las personas que nos visitan, los que recogen las ofrendas, etc.

También hay miembros que funcionan en el cuerpo pero su trabajo no se ve a simple vista. Es como en nuestro cuerpo, no podemos ver nuestro corazón, o nuestros pulmones. En nuestra iglesia están las personas que hacen los boletines, las que manejan la computadora para proyectar las letras de las alabanzas que cantamos cada domingo, las que manejan las cámaras y el sistema de sonido, etc. estos servidores que funcionan en estas áreas no se ven pero su trabajo es tan importante como el de los que sí vemos.

Si cada miembro del cuerpo hace su función, cumpliremos el propósito de dar a conocer las buenas noticias de que Cristo, ¡quiere perdonar nuestros pecados y darnos una vida nueva!

Pero si un miembro deja de funcionar, la iglesia se enferma, y si un miembro no permanece en el cuerpo se descompone y pierde su función.

Los niños también somos una parte importante del cuerpo. El Señor Jesús está poniendo su palabra en nuestro corazón, para que crezca y nos transforme a su imagen y podamos darle a conocer, platicando en nuestra casa con nuestra familia las cosas que aprendemos en la iglesia, en nuestra escuela con nuestros maestros y amigos, con nuestros vecinos y con todos nuestros familiares.

¡Tenemos una función que cumplir dentro y fuera de la iglesia!

3 {Una iglesia ordenada}

Aprendizaje activo

Niños pequeños.

1. Colorea el dibujo

Material:
- Copia del dibujo
- Crayones

Niños GRANDES

1. Actividad de descubrimiento:
Entregue a los niños papel, tijeras y cinta adhesiva, o una engrapadora.
Cada niño debe sentarse sobre una mano mientras todos trabajan juntos para crear una cadena de papel. Mientras se ocupan en esto, anímelos a probar el desafió de trabajar con una sola mano.
Sostenga la cadena de papel que confeccionaron los niños. Explíqueles que no es fácil trabajar con una sola mano. Para usar las tijeras se necesitan las dos manos, una para cortar y otra para sostener.
Deje que los niños traten con una sola mano de atarse los cordones de los zapatos o de abotonarse la camisa. Concluya diciendo que necesitamos ambas manos, no solo una, y necesitamos a todos los miembros del cuerpo.

2. Resuelve la sopa de letras
3. Descubre la frase
4. Contesta el cuestionaro
5. Desprende el versículo a memorizar, puedes usar tijeras con un corte decorativo. Guarda los versículos en el sobre que decoraste con anterioridad.

Material:
- Copia de la sopa de letras y del cuestionario
- Lápices
- Tijeras

Niños pequeños

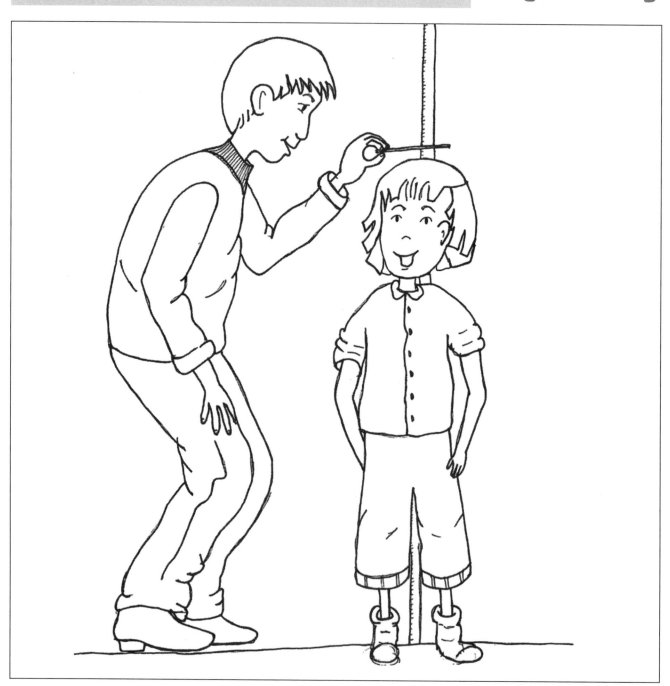

«Por su acción todo el cuerpo crece y se edifica en amor».
Efesios 4:16 (NVI)

Niños GRANDES

Instrucciones: Tacha las letras **X** y **Z**, y descubre el mensaje.

3 { Una iglesia **ordenada** }

Z	X	Z	L	A	X	Z
X	Z	X	Z	X	Z	X
I	G	L	E	S	I	A
X	Z	X	Z	X	Z	X
Z	E	S	X	Z	E	L
X	Z	X	Z	X	Z	X
Z	C	U	E	R	P	O
X	Z	X	Z	X	Z	X
Z	X	Z	D	E	X	Z
X	Z	X	Z	X	Z	X
Z	C	R	I	S	T	O

«Por su acción todo el cuerpo crece y se edifica en amor».
Efesios 4:16 (NVI)

Niños GRANDES

Instrucciones: Escribe los números de manera consecutiva debajo de cada letra, para descubrir la frase. (A=1, B= 2, etc.) Cuando termines, usa el código para encontrar las letras que van en las líneas.

$3\left\{\begin{array}{l}\textbf{Una iglesia}\\\textbf{ordenada}\end{array}\right\}$

A	B	C	D	E	F	G	H	I	J	K	M	N	O	P	Q	R	S	T	U	V	W	X	Y	Z
1	2																							

| 16 | 15 | 18 | | 19 | 21 | | 1 | 3 | 3 | 9 | 15 | 14 | | 20 | 15 | 4 | 15 | | 5 | 12 |

| 3 | 21 | 5 | 18 | 16 | 15 | | 3 | 18 | 5 | 3 | 5 | | 25 | | 19 | 5 |

| 5 | 4 | 9 | 6 | 9 | 3 | 1 | | 5 | 14 | | 1 | 13 | 15 | 18 |

4:16 NVI

| 5 | 6 | 5 | 19 | 9 | 15 | 19 |

«Por su acción todo el cuerpo crece y se edifica en amor».
Efesios 4:16 (NVI)

Niños GRANDES

Hoja de actividades

3 { **Una iglesia ordenada** }

1 **Une con una línea las palabras con su respuesta:**

1. La iglesia
2. La cabeza del cuerpo
3. Predica la palabra de Dios
4. Enseña la palabra de Dios
5. Habla de las buenas nuevas

Pastor
Evangelista
Maestro
Cristo
El cuerpo de Cristo

2 **¿Falso ó verdadero?**

1. Todos los miembros de la iglesia son importantes.

☐ FALSO   ☐ VERDADERO

2. Solo los adultos son parte del cuerpo de Cristo.

☐ FALSO   ☐ VERDADERO

3. El propósito de la iglesia es reflejar el amor de Dios.

☐ FALSO   ☐ VERDADERO

4. En la iglesia todas las personas hacen el mismo trabajo.

☐ FALSO   ☐ VERDADERO

3 **Ordena las letras**

BMIMORE _____   ISRCOT _____

LIAGISE _____   REPUCO _____

4 **Recorta el versículo y guárdalo en tu sobre**

«Por su acción todo el cuerpo crece
y se edifica en amor». Efesios 4:16 (NVI)

Notas

....

....

....

....

....

....

....

....

....

....

....

....

....

....

....

....

....

....

....

....

4 {Una iglesia testigo}

Objetivos:
Ayudar al niño a...
- Entender que el Señor nos ha dado la tarea de ser testigos.
- Saber qué significa la palabra «testigo».
- Saber que la fe en Jesús crece en medio de las dificultades.

Textos:
Filipenses 1:29; Mateo 5:10-12

Versículo a memorizar:
«Es necesario pasar por muchas dificultades para entrar en el reino de Dios».
Hechos 14:22 (NVI)

Desarrollo del tema:

¿Qué es un testigo? Es una persona que está dispuesta a pasar dificultades, sufrimientos y hasta injusticias por dar a conocer su fe (*Mateo 5:10-12*).

La palabra testigo significa «mártir».

Cuando nosotros nos damos cuenta de que hemos pecado, y merecemos ser castigados, le pedimos perdón a Dios, esto se llama arrepentimiento. Pero Dios no nos puede perdonar de nuestros pecados solamente porque sí. Alguien tiene que pagar el castigo que merecemos. Ese alguien fue Jesucristo, el estuvo dispuesto a sufrir el castigo que nosotros merecíamos, aun cuando era injusto, solo por amor a nosotros. Cristo fue un mártir.

Los que hemos aceptado el sacrificio de Cristo en nuestro lugar, también debemos tener denuedo, es decir valor, para estar dispuestos a pasar dificultades, sufrimientos y hasta injusticias con tal de dar a conocer su gran amor (*Filipenses 1:29*).

Esto es lo que la Biblia llama morir a nosotros mismos. ¿Cómo vamos a morir a nosotros mismos? Separándonos de las cosas que nos estorban para acercarnos a Cristo, y parecernos a él. Ahora tenemos un nuevo propósito, queremos que su imagen se forme en nosotros y otros le conozcan a través de nuestras vidas (*Juan 6:63*).

Una manera de mostrar a Dios y a las personas que nos rodean que deseamos morir a nosotros mismos es bautizarnos.

¿Qué es el bautismo? La palabra bautismo significa ***«sumergir»*** y consiste en entrar completamente en el agua, hasta estar todo cubierto y después salir.

Columna lateral:

Filipenses 1:29
Porque a vosotros os es concedido a causa de Cristo, no sólo que creáis en él, sino también que padezcáis por él.

Mateo 5:10-12
Bienaventurados los que padecen persecución por causa de la justicia, porque de ellos es el reino de los cielos. Bienaventurados sois cuando por mi causa os vituperen y os persigan, y digan toda clase de mal contra vosotros, mintiendo. Gozaos y alegraos, porque vuestro galardón es grande en los cielos; porque así persiguieron a los profetas que fueron antes de vosotros.

Hechos 14:22 (NVI)
Fortaleciendo a los discípulos y animándolos a perseverar en la fe. «Es necesario pasar por muchas dificultades para entrar en el reino de Dios», les decían.

Hechos 1:7-8
Y les dijo: No os toca a vosotros saber los tiempos o las sazones, que el Padre puso en su sola potestad; pero recibiréis poder, cuando haya venido sobre vosotros el Espíritu Santo, y me seréis testigos en Jerusalén, en toda Judea, en Samaria, y hasta lo último de la tierra.

Juan 6:63
El espíritu es el que da vida; la carne para nada aprovecha; las palabras que yo os he hablado son espíritu y son vida.

Hechos 18:9-10
Entonces el Señor dijo a Pablo en visión de noche: No temas, sino habla, y no calles; porque yo estoy contigo, y ninguno pondrá sobre ti la mano para hacerte mal, porque yo tengo mucho pueblo en esta ciudad.

Juan 14:26
Mas el Consolador, el Espíritu Santo, a quien el Padre enviará en mi nombre, él os enseñará todas las cosas, y os recordará todo lo que yo os he dicho.

El bautismo es una manera en la que hacemos lo que hizo Cristo:

1. **Muerte.** Cuando nos sumergimos en el agua nos identificamos con Cristo en su muerte, estando dispuestos a morir al pecado y a nuestras malas obras.
2. **Sepultura.** Cuando estamos completamente cubiertos por el agua nos identificamos con Cristo, dejando nuestros pecados enterrados para que ya no tengamos que sentirnos culpables por ellos.
3. **Resurrección.** Salimos del agua para empezar una nueva vida, en la que Cristo va a ser el jefe, y nosotros vamos a conocer y obedecer a su palabra.

Bautizarnos es algo que debemos hacer cuando tenemos la edad suficiente para darnos cuenta de nuestro pecado. Queremos pedirle perdón a Dios, y empezar una nueva vida en la que valientemente vamos a obedecerle, a pesar de las dificultades, sufrimientos o injusticias que tengamos que pasar. Vivir bajo la voluntad de Dios y proclamar el evangelio no es algo fácil, por eso necesitamos al Espíritu Santo, él será:

- **Nuestro ayudador** (*Hechos 18:9-10*)
- **Nuestro maestro** (*Juan 14:26*)
- **Nuestro guía** (*Juan 16:13*)
- **Nos ayudará a ser testigos** (*Juan 15:26-27*)
- **Nos mostrará nuestro pecado** (*Juan 16:8*)

El Espíritu Santo estará con nosotros siempre que tengamos comunión diaria con Dios y estemos unidos al cuerpo de Cristo (*Hechos 9:3-6; 15-16; 4:23-31*).

Puede ocurrirnos que algunas personas no quieran escucharnos cuando hablemos de Cristo, quizás hasta se enojen con nosotros y no quieran ser nuestros amigos, pero eso no nos debe desanimar, porque así hicieron a Jesús (*Hechos 5:40-41; Lucas 14:26-27; Mateo 5:10-12; Hechos 4:13; Juan 5:20*).

Nuestro compromiso sigue siendo ser testigos, obedeciendo a Dios en todo y sabiendo que hay muchas personas que necesitan saber que Dios les ama, y que está esperando a que se arrepientan, para que no tengan que sufrir el castigo por sus pecados. Personas que querrán seguirle, obedecerle y cambiar sus vidas. Recordemos que cuando seamos testigos, el Espíritu Santo estará con nosotros (*Hechos 4:19-20; 5:29; 2 Timoteo 1:7*).

Juan 16:13
Pero cuando venga el Espíritu de verdad, él os guiará a toda la verdad; porque no hablará por su propia cuenta, sino que hablará todo lo que oyere, y os hará saber las cosas que habrán de venir.

Juan 15:26-27
Pero cuando venga el Consolador, a quien yo os enviaré del Padre, el Espíritu de verdad, el cual procede del Padre, él dará testimonio acerca de mí. Y vosotros daréis testimonio también, porque habéis estado conmigo desde el principio.

Juan 16:8
Y cuando él venga, convencerá al mundo de pecado, de justicia y de juicio.

Hechos 9:3-6
Mas yendo por el camino, aconteció que al llegar cerca de Damasco, repentinamente le rodeó un resplandor de luz del cielo; y cayendo en tierra, oyó una voz que le decía: Saulo, Saulo, ¿por qué me persigues? Él dijo: ¿Quién eres, Señor? Y le dijo: Yo soy Jesús, a quien tú persigues; dura cosa te es dar coces contra el aguijón. Él, temblando y temeroso, dijo: Señor, ¿qué quieres que yo haga? Y el Señor le dijo: Levántate y entra en la ciudad, y se te dirá lo que debes hacer.

Hechos 9:15-16
El Señor le dijo: Ve, porque instrumento escogido me es éste, para llevar mi nombre en presencia de los gentiles, y de reyes, y de los hijos de Israel; porque yo le mostraré cuánto le es necesario padecer por mi nombre.

Hechos 5:40-41
Y convinieron con él; y llamando a los apóstoles, después de azotarlos, les intimaron que no hablasen en el nombre de Jesús, y los pusieron en libertad. Y ellos salieron de la presencia del concilio, gozosos de haber sido tenidos por dignos de padecer afrenta por causa del Nombre.

4 { Una iglesia testigo }

Aprendizaje activo

● Niños pequeños

1. Colorea el dibujo

Material:
- Copia del dibujo
- Crayones

● Niños GRANDES

1. Juego:
Ponga a los niños en dos filas en las que se miren unos a otros. Dé un globo o pelota a un niño al final de la fila. Él dirá el versículo para memorizar mientras lanza el globo al niño que esta enfrente de él. Hecho esto se sentará. El niño que toma el globo dice el versículo mientras lo lanza de nuevo a otra fila.
Cada niño se sentará cuando haya lanzado el globo. Solo aquellos que estén de pie podrán tomar el globo. Juegue hasta que cada niño haya dicho el versículo.

2. Resuelve palabras secretas
3. Contesta el cuestionaro
4. Desprende el versículo a memorizar, puedes usar tijeras con un corte decorativo. Guarda los versículos en el sobre que decoraste con anterioridad.

Material:
- Copia de las palabras de letras y del cuestionario.
- Lápices
- Tijeras

Niños pequeños

Instrucciones:
Colorea el dibujo

4 { **Una iglesia testigo** }

«Es necesario pasar por muchas dificultades
para entrar en el reino de Dios».
Hechos 14:22 (NVI)

Niños pequeños

Instrucciones:
Encuentra el camino a la meta

4 { **Una iglesia testigo** }

«Es necesario pasar por muchas dificultades para entrar en el reino de Dios».
Hechos 14:22 (NVI)

Niños GRANDES

Instrucciones: Sustituye cada letra por el número correspondiente para resolver las palabras secretas

4 { Una iglesia testigo }

P	O	I	U	Y	T	R	E	W	Ñ	Q	L	K	J	H	G	F	D	S	A	M	N	B	V	C	X	Z
1	2	3	4	5	6	7	8	9	10	11	12	13	14	15	16	17	18	19	20	21	22	23	24	25	26	27

21-20-7-6-3-7 _____

23-20-4-6-3-27-2 _____

18-8-22-4-8-18-2 _____

6-8-19-6-3-16-2 _____

24-20-12-2-7 _____

8-19-1-3-7-3-6-4 _____

19-20-22-6-2 _____

21-4-8-7-6-8 _____

19-8-1-4-12-6-4-7-20 _____

7-8-19-4-7-7-8-25-25-3-2-22 _____

25-7-4-27 _____

«Es necesario pasar por muchas dificultades
para entrar en el reino de Dios».
Hechos 14:22 (NVI)

Niños GRANDES

Hoja de actividades

4 **{ Una iglesia testigo }**

1 Completa con las palabras correspondientes:

1. Persona que da su vida por su fe. M _____

2. Es la manera de dar testimonio público de nuestra fe. B_____

3. Hablar de Jesús con valor. D _____

4. Pasa dificultades por dar a conocer su fe. T_____

5. Salimos a una nueva vida. R _____

6. Nos ayuda a testificar. E _____   S _____

2 ¿Falso ó verdadero?

1. Cuando nos bautizamos nos identificamos con Cristo.

☐ FALSO ☐ VERDADERO

2. La palabra testigo significa «mártir»

☐ FALSO ☐ VERDADERO

3. Un testigo pasa dificultades y a veces injusticias

☐ FALSO ☐ VERDADERO

4. «Morir a nosotros mismos» es separarnos de las cosas que nos impiden tener una comunión con Cristo.

☐ FALSO ☐ VERDADERO

3 Recorta el versículo y guárdalo en tu sobre

«Es necesario pasar por muchas dificultades para entrar en el reino de Dios». Hechos 14:22 (NVI)

Notas

5 { Una iglesia evangelizadora }

Objetivos:
Ayudar al niño a...
• Conocer el significado de la palabra evangelio.
• Saber que las buenas nuevas de salvación son para todos.
• Entender que Cristo nos salvó para llevar las buenas noticias a otras personas.

Textos:
Hechos 2:22-39, 3:12-23

Versículo a memorizar:
«En nombre de Cristo les rogamos que se reconcilien con Dios»
2 Corintios 5:20 (NVI)

Desarrollo del tema:

¿**C**ómo nos enteramos de las noticias? A través de los periódicos, la televisión, el radio, internet, etc., y casi todas son malas noticias.

Para escuchar buenas noticias es importante que sepamos en donde las vamos a encontrar, porque a todos nos encantan las buenas noticias, ¿verdad? Las verdaderas buenas noticias vienen de Dios y las encontramos en su <u>evangelio.</u>

¿Qué significa «*evangelio*»? Evangelio viene de la palabra «*euangelion*» y significa «*anunciar buenas noticias*» (*2 Corintios 5:18-20*)

La palabra de Dios está llena de promesas, y la promesa más importante de la que nos habla la palabra de Dios es Jesucristo. Él vino al mundo para pagar el castigo que nosotros merecíamos por nuestros pecados. Él nos amó tanto que no quiso que estuviéramos separados de Dios para siempre y sufrió el castigo de morir en la cruz por nosotros, para pagar nuestra entrada al cielo, si es que creemos en su sacrificio en nuestro lugar y lo recibimos en nuestro corazón.

¡Estas son las buenas noticias de Dios! Nuestros pecados pueden ser perdonados si nos arrepentimos y recibimos a Jesús en nuestro corazón, él pagó el castigo nuestro, y ya no tenemos que estar alejados de Dios, porque él venció a la muerte, y resucitó, demostrando que es el Hijo de Dios, el Mesías. (*Hechos 2:22-35; Isaías 9:6-7*)

¿Cómo vamos a compartir el evangelio?
Siempre que hablemos a otros de las buenas noticias de Dios, debemos decirles ¡cuánto nos ama él! Nos ama tanto que entregó a su Hijo para tomar nuestro lugar en la cruz para que nosotros también podamos ser llamados hijos de Dios (*1 Juan 4:9-10, 19; Filipenses 2:5-11*).

Hechos 2:22-39
Varones israelitas, oíd estas palabras: Jesús nazareno, varón aprobado por Dios entre vosotros con las maravillas, prodigios y señales que Dios hizo entre vosotros por medio de él, como vosotros mismos sabéis; a éste, entregado por el determinado consejo y anticipado conocimiento de Dios, prendisteis y matasteis por manos de inicuos, crucificándole; al cual Dios levantó, sueltos los dolores de la muerte, por cuanto era imposible que fuese retenido por ella. Porque David dice de él: Veía al Señor siempre delante de mí; Porque está a mi diestra, no seré conmovido. Por lo cual mi corazón se alegró, y se gozó mi lengua, Y aun mi carne descansará en esperanza; Porque no dejarás mi alma en el Hades, Ni permitirás que tu Santo vea corrupción. Me hiciste conocer los caminos de la vida; Me llenarás de gozo con tu presencia. Varones hermanos, se os puede decir libremente del patriarca David, que murió y fue sepultado, y su sepulcro está con nosotros hasta el día de hoy. Pero siendo profeta, y sabiendo que con juramento Dios le había jurado que de su descendencia, en cuanto a la carne, levantaría al Cristo para que se sentase en su trono, viéndolo antes, habló de la resurrección de Cristo, que su alma no fue dejada en el Hades, ni su carne vio corrupción. A este Jesús resucitó Dios, de lo cual todos nosotros somos testigos. Así que, exaltado por la diestra de Dios, y habiendo recibido del Padre la promesa del Espíritu Santo, ha derramado esto que vosotros veis y oís. Porque David no subió a los cielos; pero él mismo dice: Dijo el Señor a mi Señor: Siéntate a mi diestra, Hasta que ponga a tus enemigos por estrado de tus pies. Sepa, pues, ciertísimamente toda la casa de Israel, que a este Jesús a quien vosotros crucificasteis, Dios le ha hecho Señor y Cristo. Al oír esto, se compungieron de corazón, y dijeron a Pedro y a los otros apóstoles:

El mensaje del evangelio consiste en invitar a todas las personas, a la obediencia de la fe en Jesús. La palabra de Dios es la única que puede cambiar nuestras vidas y todos los que la escuchan, la creen y la obedecen, son salvados del pecado (*Hechos 2:36-39; 3:12-23; Isaías 55:10-11*).

Al pecado se le llama «errar en el blanco». Todos nacemos con ese deseo de hacer lo incorrecto. Todos hemos pecado. No somos perfectos como Jesús. Dios dice que el pecado debe ser castigado y el castigo para el pecado es estar separado de Dios para siempre, en un lugar donde hay mucho sufrimiento (*Romanos 6:23, 3:23*).

Cuando reconocemos verdaderamente que somos pecadores y que hemos ofendido a Dios, en nuestro corazón habrá mucha tristeza que nos llevará al arrepentimiento, es decir, nos alejaremos del pecado y nos acercaremos a Dios, esto significa que cambiará el propósito de nuestras vidas (*Hechos 2:38-39, 3:19*).

Jesús es el único que nunca pecó, solo él puede quitar nuestro pecado si se lo pedimos, pero él no puede salvar a quien lo rechaza (*Hechos 2:23,36, 3:13-15*).

Cuando aceptamos el maravilloso regalo de amor de Dios que es Jesucristo, el Señor nos llama «santos» esto significa «apartados para Dios». Apartados para cumplir con su propósito, que es hablar de las buenas noticias a otros.

Estas buenas noticias son poderosas porque todos los que las escuchan y creen en Jesús son salvados; no importa dónde vivan o quiénes sean. Las buenas noticias nos enseñan que Dios acepta a los que creen y obedecen a Jesús (*Jeremías 29:11; Lucas 2:14; 2 Corintios 5:18-19*).

¡Estas son las mejores noticias que jamás hayan existido!
¡Compártelas con tus amigos y familiares que no las conocen!

Varones hermanos, ¿qué haremos? Pedro les dijo: Arrepentíos, y bautícese cada uno de vosotros en el nombre de Jesucristo para perdón de los pecados; y recibiréis el don del Espíritu Santo. Porque para vosotros es la promesa, y para vuestros hijos, y para todos los que están lejos; para cuantos el Señor nuestro Dios llamare.

2 Corintios 5:20 NVI
Así que somos embajadores de Cristo, como si Dios los exhortara a ustedes por medio de nosotros: «En nombre de Cristo les rogamos que se reconcilien con Dios».

2 Corintios 5:18-20
Y todo esto proviene de Dios, quien nos reconcilió consigo mismo por Cristo, y nos dio el ministerio de la reconciliación; que Dios estaba en Cristo reconciliando consigo al mundo, no tomándoles en cuenta a los hombres sus pecados, y nos encargó a nosotros la palabra de la reconciliación. Así que, somos embajadores en nombre de Cristo, como si Dios rogase por medio de nosotros; os rogamos en nombre de Cristo: Reconciliaos con Dios.

Isaías 9:6-7
Porque un niño nos es nacido, hijo nos es dado, y el principado sobre su hombro; y se llamará su nombre Admirable, Consejero, Dios Fuerte, Padre Eterno, Príncipe de Paz. Lo dilatado de su imperio y la paz no tendrán límite, sobre el trono de David y sobre su reino, disponiéndolo y confirmándolo en juicio y en justicia desde ahora y para siempre. El celo de Jehová de los ejércitos hará esto.

1 Juan 4:9-10,19
En esto se mostró el amor de Dios para con nosotros, en que Dios envió a su Hijo unigénito al mundo, para que vivamos por él. En esto consiste el amor: no en que nosotros hayamos amado a Dios, sino en que él nos amó a nosotros, y envió a su Hijo en propiciación por nuestros pecados.

5 { Una iglesia evangelizadora }

Aprendizaje activo

● Niños pequeños

1. Colorea el dibujo

Material:
- Copia del dibujo
- Crayones

● Niños GRANDES

1. Manualidad - dinámica:
Prepara etiquetas en hojas de colores fuertes con los nombres de diferentes países, pégalas en el piso de manera que formen un círculo grande; elabora un mapamundi de tamaño mediano en el cual estén coloreados los países que tienen las etiquetas, y pégalo en la pared más cercana al círculo; recorta círculos en hojas de color amarillo y píntales una carita feliz; en el piso dentro del círculo coloca la Biblia. Toma a los niños y sienta a cada uno frente a una etiqueta, diles que por ese momento se llamarán como la etiqueta, pregúntales varias veces el nombre para que se lo aprendan, empieza a preguntarle a la maestra asistente: ¿Qué es lo que está dentro del círculo? Ella responderá: «Es la palabra de Dios» Tu preguntarás: ¿Qué dice la palabra de Dios? Ella responderá: «Cristo murió y resucitó por amor a ti y a mí». Tú responderás: «¡Qué bueno! Yo quiero que todo el mundo sepa que Cristo me ama», y nombrará a otro niño por el nombre del país y le dará las buenas nuevas, después invitará a otro niño a que comparta las buenas nuevas con otro país, y cada uno cuando haya compartido el evangelio marcará con una sonrisa feliz en el mapa el país al que le compartió, al final se habrán dado cuenta que compartieron el evangelio a todo el mundo.

2. Contesta el cuestionaro.
3. Desprende el versículo a memorizar, puedes usar tijeras con un corte decorativo. Guarda los versículos en el sobre que decoraste con anterioridad.

Material:
- Un mapamundi o mapa de su país
- Copias del crucigrama y del cuestionario
- Lápices
- Tijeras

Notas

Niños pequeños

Instrucciones:
Colorea el dibujo

5 { Una iglesia **evangelizadora** }

«En nombre de Cristo les rogamos que se reconcilien con Dios».
2 Corintios 5:20 (NVI)

Notas

Niños GRANDES

Hoja de actividades

5 { Una iglesia evangelizadora }

1 Une con una línea la palabra con su respuesta:

Evangelio	Hablar a otros de las buenas noticias de Dios
Buenas noticias	Murió en la cruz tomando nuestro lugar
Cristo	Jesús
Arrepentimiento.	Euangelion
Pecado	Cambio de propósito
Evangelizar	El pago del pecado
Muerte	Apartado para Dios para cumplir un propósito
Santo	Jesús manda en nuestra vida
Salvador	Las buenas noticias de Dios
Señor	Errar en el blanco

2 Ordena las letras y forma las palabras

AODECP _____

VORDALSA _____

GANVEOELI _____

OSTRIC _____

3 Recorta el versículo y guárdalo en tu sobre

«En nombre de Cristo les rogamos que
se reconcilien con Dios». 2 Corintios 5:20 (NVI)

Notas

6 { Una iglesia discipuladora }

Objetivos:

Ayudar al niño a...
- Saber que Dios nos ha dejado en la Biblia todas las instrucciones para nuestra vida.
- Entender que es importante dar a conocer el plan de Dios completo.
- Saber qué significan las palabras «discipular» y «conocer».

Textos:

Mateo 28:18-20; Oseas 4:6; 6:6; Hechos 14:21-22

Versículo a memorizar:

«Que Dios les haga conocer plenamente su voluntad con toda sabiduría y comprensión espiritual». *Colosenses 1:9 (NVI)*

Desarrollo del tema:

Hoy hablaremos de la iglesia discipuladora, ¿qué significa eso?

Que nosotros que **somos** la iglesia, vamos a enseñar a otras personas a ser discípulos de Jesús y que Dios puede perdonar sus pecados si se arrepienten y le hacen su Señor, esto es, hacer discípulos de Cristo (*Mateo 28:18-20*).

¿Qué es un discípulo? Un discípulo es un «*alumno*». La palabra de Dios nos dice que Jesús es un «Rabí» que significa «*maestro*» (*Juan 3:2*)..

Un discípulo de Cristo es una persona que ama a Jesús más que a las cosas más valiosas que hay en su vida; lo ha recibido como Salvador y está aprendiendo a conocer el plan de Dios para su vida, siguiendo sus enseñanzas.

El discípulo de Jesús está dispuesto a seguir los planes que el Señor tiene para su vida, sigue el ejemplo de su maestro en todo lo que hace, y lo que dice y sirve a otros (*Lucas 6:40; 14:28:31; Juan 13:35; Mateo 20:26*).

¿Cómo podemos ser discípulos de Jesús?

El primer paso es conocer la palabra de Dios (*2 Tim. 3:16-17*). La palabra de Dios es la guía para nuestras vidas. En ella están todos los planes que Dios tiene para cada uno de nosotros, necesitamos conocerla para conocer a Jesús y seguir sus pasos.

Tal vez digas, «*yo ya conozco a Jesús*». Pero ¡cuidado! Conocer a Jesús no es solo saber quién es él, por lo que hemos oído en la iglesia o nos han platicado nuestros padres o maestros.

Conocer a Jesús es tener una relación diaria con él. Esa relación empieza arrepintiéndonos de no haberlo tomado en cuenta antes en nuestra vida, recibiendo su perdón, su paz y el gozo que Dios da a sus hijos. Es creer que Jesús es mi Salvador (*Juan 8:31-32, 10:14-15*).

El siguiente paso es bautizarse, esto quiere decir que vamos a mostrarle a las personas que nos conocen, que hemos entregado nuestra vida a Jesús y estamos dispuestos a dejar nuestros planes y deseos para seguir lo que el Señor tiene para nosotros, y vamos a añadirnos a una nueva familia espiritual, que es la iglesia.

Mateo 28:18-20
Y Jesús se acercó y les habló diciendo: Toda potestad me es dada en el cielo y en la tierra. Por tanto, id, y haced discípulos a todas las naciones, bautizándolos en el nombre del Padre, y del Hijo, y del Espíritu Santo; enseñándoles que guarden todas las cosas que os he mandado; y he aquí yo estoy con vosotros todos los días, hasta el fin del mundo. Amén.

Oseas 4:6
Mi pueblo fue destruido, porque le faltó conocimiento. Por cuanto desechaste el conocimiento, yo te echaré del sacerdocio; y porque olvidaste la ley de tu Dios, también yo me olvidaré de tus hijos.

Oseas 6:6
Porque misericordia quiero, y no sacrificio, y conocimiento de Dios más que holocaustos.

Hechos 14:21-22
Y después de anunciar el evangelio a aquella ciudad y de hacer muchos discípulos, volvieron a Listra, a Iconio y a Antioquía, confirmando los ánimos de los discípulos, exhortándoles a que permaneciesen en la fe, y diciéndoles: Es necesario que a través de muchas tribulaciones entremos en el reino de Dios.

Colosenses 1:9 (NVI)
Por eso, desde el día en que lo supimos no hemos dejado de orar por ustedes. Pedimos que Dios les haga conocer plenamente su voluntad con toda sabiduría y comprensión espiritual.

Juan 3:2
Éste fue de noche a visitar a Jesús. —Rabí —le dijo—, sabemos que eres un maestro que ha venido de parte de Dios, porque nadie podría hacer las señales que tú haces si Dios no estuviera con él.

Lucas 6:40
El discípulo no es superior a su maestro; mas todo el que fuere perfeccionado, será como su maestro.

En esa nueva familia, vamos a estudiar la palabra de Dios juntos y prepararnos para cumplir la tarea de discipular a otros que van empezando, es decir, que vamos a ayudarles a conocer a Jesús (*Hechos 2:41-42*).

Porque si no conocemos las instrucciones que Dios nos da en su palabra, tomaremos decisiones equivocadas (*Oseas 4:6*).

Pablo es un maravilloso ejemplo para aprender cómo discipular a otros, pues después de dar a conocer el mensaje de Jesús a las personas, regresaba con las que ya habían recibido a Jesús como Salvador y Señor de su vida, para animarlos a permanecer en él, conociendo el <u>plan completo de Dios</u> a través de su palabra.

Es importante que nosotros también, después de compartir las buenas noticias de Jesús a otros, les enseñemos el <u>plan completo</u> de Dios para sus vidas, que está en la palabra de Dios (*Hechos 14:21-22*).

Para cumplir bien con la tarea de hacer discípulos de Jesús es importante que apliquemos en nuestra vida sus enseñanzas, siendo un modelo a imitar, (**integridad**) (*Hechos 20:18-19*), que tengamos **interés** en que otras personas lleguen a conocer y a amar a Jesús y les ayudemos a convertirse en sus discípulos (*Hechos 20:27-31,36*) guiándolos a vivir su vida dependiendo en el poder del Espíritu Santo y la palabra de Dios, (**enfoque**) (*Hechos 20:20-21, 24, 27, 32*) .

El nuevo discípulo se va formando permaneciendo en la palabra de Dios, en el compañerismo con sus hermanos, la oración, el servicio y la adoración (*Colosenses 1:9-10*).

Lucas 14:28-31
Porque ¿quién de vosotros, queriendo edificar una torre, no se sienta primero y calcula los gastos, a ver si tiene lo que necesita para acabarla? No sea que después que haya puesto el cimiento, y no pueda acabarla, todos los que lo vean comiencen a hacer burla de él, diciendo: Este hombre comenzó a edificar, y no pudo acabar. ¿O qué rey, al marchar a la guerra contra otro rey, no se sienta primero y considera si puede hacer frente con diez mil al que viene contra él con veinte mil?

Juan 13:35
En esto conocerán todos que sois mis discípulos, si tuviereis amor los unos con los otros.

Mateo 20:26
Mas entre vosotros no será así, sino que el que quiera hacerse grande entre vosotros será vuestro servidor.

2 Timoteo 3:16-17
Toda la Escritura es inspirada por Dios, y útil para enseñar, para redargüir, para corregir, para instruir en justicia, a fin de que el hombre de Dios sea perfecto, enteramente preparado para toda buena obra.

Juan 8:31-32
Dijo entonces Jesús a los judíos que habían creído en él: Si vosotros permaneciereis en mi palabra, seréis verdaderamente mis discípulos; y conoceréis la verdad, y la verdad os hará libres.

Juan 10:14-15
Yo soy el buen pastor; y conozco mis ovejas, y las mías me conocen, así como el Padre me conoce, y yo conozco al Padre; y pongo mi vida por las ovejas.

Hechos 2:41-42
Así que, los que recibieron su palabra fueron bautizados; y se añadieron aquel día como tres mil personas. Y perseveraban en la doctrina de los apóstoles, en la comunión unos con otros, en el partimiento del pan y en las oraciones.

6 { Una iglesia **discipuladora** }

Aprendizaje activo

● Niños pequeños

1. Colorea el dibujo

Material:
- Copia del dibujo
- Crayones

● Niños GRANDES

1. Resuelve el laberinto
2. Contesta el cuestionaro
3. Desprende el versículo a memorizar, puedes usar tijeras con un corte decorativo. Guarda los versículos en el sobre que decoraste con anterioridad.

Material:
- Copias de las actividades
- Lápices
- Tijeras

Notas

....

....

....

....

....

....

....

....

....

....

....

....

....

....

....

....

....

....

....

Instrucciones:
Colorea el dibujo

6 { Una iglesia **discipuladora** }

«Que Dios les haga conocer plenamente su voluntad con toda sabiduría y comprensión espiritual». **Colosenses 1:9 (NVI)**

Notas

Niños GRANDES

6 { **Una iglesia discipuladora** }

«Que Dios les haga conocer plenamente su voluntad con toda sabiduría y comprensión espiritual». **Colosenses 1:9 (NVI)**

Niños GRANDES

Hoja de actividades

6 { **Una iglesia discipuladora** }

1 Completa el versículo

Mi pueblo fue _____, porque le faltó_____.
Por cuanto desechaste el_____, yo te_____
del sacerdocio; y porque_____ la ley de tu_____,
también___ me olvidaré de tus_____. Oseas 4:6

2 Marca la respuesta correcta

1. ¿Dónde encontramos todos los planes que Dios tiene para nuestra vida?

a)   En un mapa   b) En la palabra de Dios   c) En el directorio telefónico

2. ¿Qué significa conocer a Jesús?

a)   Saber dónde vive   b) Saber su nombre   c) Tener una relación con él

3. Un elemento que debe haber en nuestra vida para cumplir bien con la tarea de hacer discípulos.

a)   Simpatía   b) Interés   c) Integridad

4.   ¿Qué debemos enseñar a las personas después de dar las buenas noticias de Jesús?

a)   El plan completo de Dios   b) El camino a la iglesia   c) Una revista

3 Recorta el versículo y guárdalo en tu sobre

«Que Dios les haga conocer plenamente su voluntad con toda sabiduría y comprensión espiritual». **Colosenses 1:9 (NVI)**

7 { Una iglesia con autoridad }

Objetivos:
Ayudar al niño a...
- Saber que los hijos de Dios estamos bajo autoridad.
- Entender qué significa autoridad.
- Aprender cómo se practica la autoridad.

Textos:
Romanos 13:1-2

Versículo a memorizar:
«No hay autoridad que Dios no haya dispuesto». *Romanos 13:1 (NVI)*

Desarrollo del tema:

Hoy terminaremos nuestro estudio sobre cómo ser la iglesia, y hablaremos sobre la iglesia con autoridad. ¿Qué significa autoridad? Autoridad es la responsabilidad de guiar o dirigir a la obediencia, a personas que están bajo la voluntad de otro.

La iglesia o lo que llamamos *«el cuerpo de Cristo»* está bajo la autoridad de Dios. La Biblia es el libro que Dios escribió para que todos los que vivimos bajo su voluntad, podamos vivir protegidos, porque vivir en obediencia nos protege de nosotros mismos y también a las personas que nos rodean.

Hoy vamos a aprender 3 principios para aprender a someternos a la autoridad:

1. Necesitamos someternos voluntariamente
Esto quiere decir que confiando en que Dios puso a las autoridades, no seamos rebeldes. Por ejemplo, nosotros los niños tenemos que confiar en que la autoridad de nuestros padres busca nuestro bien, igual nuestros maestros, policías, gobernadores y el presidente. Ellos están puestos por Dios para cuidar que todos vivamos bajo reglas que nos protejan y si nos oponemos y hacemos lo malo, seamos castigados (*Romanos 13:1-2*).

Cristo nos dejó el ejemplo de cómo someternos voluntariamente a la autoridad, al dejar su trono de Rey para hacerse hombre.

2. El someternos llevará padecimiento
Jesús no solo se sometió a la autoridad de Dios, sino que sufrió por nosotros, pagando el castigo de nuestros pecados en la cruz.
Habrá ocasiones en que someternos a la autoridad será difícil o doloroso, pero tenemos que orar por nuestras autoridades y confiar en que Dios tiene un propósito.

3. El padecimiento nos enseñará obediencia
Jesús fue obediente al Padre (*Juan 5:19; Ef 2:5-7; Fi 2:8-9; Heb 5:7-9*).
Vivir en obediencia nos enseña a vivir como vivió Jesús, obedeciendo a su Padre.

Romanos 13:1-2
Todos deben someterse a las autoridades públicas, pues no hay autoridad que Dios no haya dispuesto, así que las que existen fueron establecidas por él. Por lo tanto, todo el que se opone a la autoridad se rebela contra lo que Dios ha instituido. Los que así proceden recibirán castigo.

Juan 5:19
Entonces Jesús afirmó: Ciertamente les aseguro que el hijo no puede hacer nada por su propia cuenta, sino solamente lo que ve que su padre hace, porque cualquier cosa que hace el padre, la hace también el hijo.

Efesios 2:5-7
Nos dio vida con Cristo, aun cuando estábamos muertos en pecados. ¡Por gracia ustedes han sido salvados! Y en unión con Cristo Jesús, Dios nos resucitó y nos hizo sentar con él en las regiones celestiales, para mostrar en los tiempos venideros la incomparable riqueza de su gracia, que por su bondad derramó sobre nosotros en Cristo Jesús.

Filipenses 2:8-9 NVI
Y al manifestarse como hombre, se humilló a sí mismo y se hizo obediente hasta la muerte, ¡y muerte de cruz! Por eso Dios lo exaltó hasta lo sumo y le otorgó el nombre que está sobre todo nombre.

Hebreos 5:7-9
En los días de su vida mortal, Jesús ofreció oraciones y súplicas con fuerte clamor y lágrimas al que podía salvarlo de la muerte, y fue escuchado por su reverente sumisión. Aunque era Hijo, mediante el sufrimiento aprendió a obedecer; y consumada su perfección, llegó a ser autor de salvación eterna para todos los que le obedecen.

Veamos ahora cómo debemos comportarnos si Dios nos da una función de autoridad:

Lo primero que tenemos que recordar es que debemos reflejar a Jesús en todo lo que hacemos, amando a nuestros hermanos, sirviéndoles y teniéndoles paciencia a pesar de sus errores.

También hay algo más que Jesús hizo cuando vivió en la tierra. En esos tiempos no había carros, ni calles pavimentadas y las personas tenían que caminar en sandalias a cualquier lugar que quisieran ir.
Cuando llegaban a una casa, era el trabajo de los sirvientes lavar los pies de los viajeros, que habían caminado al calor del día por caminos polvorientos y sucios.

Jesús hizo esto la última vez que comió con sus discípulos (*Juan 13:1-17*).

Cuando era la hora de lavar los pies de los invitados en esta cena especial, Jesús se quitó su manto que representaba su autoridad como maestro y se puso una toalla en la cintura, para lavar los pies a los discípulos.

De esta manera Jesús les enseñó qué tenían que hacer los que quisieran estar en autoridad, tenían que estar dispuestos a servirse unos a otros, <u>lavándose con la palabra</u>.

En la iglesia, para que reconozcan nuestra autoridad, tenemos que hacer lo que hizo Jesús con sus discípulos. Tenemos que «*lavar*» a las personas que están bajo nuestra autoridad, como por ejemplo los maestros con los niños con la palabra.

¿Qué significa ser lavado con la palabra?

Así como el agua limpia la suciedad de nuestro cuerpo, la palabra de Dios va limpiando nuestra manera de pensar, cambiándola por la verdad de las Escrituras. Este cambio en la manera de pensar hace que cambie nuestra manera de vivir.

Cuando somos «lavados» por la palabra, Dios va haciendo que la manera de pensar y de sentir de los que somos sus hijos, vaya pareciéndose más y más a la de Jesús, y que no solo estemos juntos en la iglesia, sino de acuerdo.

Todo esto nos llevará a darlo a conocer de manera poderosa.

Juan 13:1-17
Se acercaba la fiesta de la Pascua. Jesús sabía que le había llegado la hora de abandonar este mundo para volver al Padre. Y habiendo amado a los suyos que estaban en el mundo, los amó hasta el fin. Llegó la hora de la cena. El diablo ya había incitado a Judas Iscariote, hijo de Simón, para que traicionara a Jesús. Sabía Jesús que el Padre había puesto todas las cosas bajo su dominio, y que había salido de Dios y a él volvía; así que se levantó de la mesa, se quitó el manto y se ató una toalla a la cintura. Luego echó agua en un recipiente y comenzó a lavarles los pies a sus discípulos y a secárselos con la toalla que llevaba a la cintura. Cuando llegó a Simón Pedro, éste le dijo:
—¿Y tú, Señor, me vas a lavar los pies a mí?
—Ahora no entiendes lo que estoy haciendo —le respondió Jesús—, pero lo entenderás más tarde.
—¡No! —protestó Pedro—. ¡Jamás me lavarás los pies!
—Si no te los lavo, no tendrás parte conmigo.
—Entonces, Señor, ¡no sólo los pies sino también las manos y la cabeza!
—El que ya se ha bañado no necesita lavarse más que los pies —le contestó Jesús—; pues ya todo su cuerpo está limpio. Y ustedes ya están limpios, aunque no todos. Jesús sabía quién lo iba a traicionar, y por eso dijo que no todos estaban limpios. Cuando terminó de lavarles los pies, se puso el manto y volvió a su lugar. Entonces les dijo:
—¿Entienden lo que he hecho con ustedes? Ustedes me llaman Maestro y Señor, y dicen bien, porque lo soy. Pues si yo, el Señor y el Maestro, les he lavado los pies, también ustedes deben lavarse los pies los unos a los otros. Les he puesto el ejemplo, para que hagan lo mismo que yo he hecho con ustedes. Ciertamente les aseguro que ningún siervo es más que su amo, y ningún mensajero es más que el que lo envió. ¿Entienden esto? Dichosos serán si lo ponen en práctica.

7 { Una iglesia con autoridad }

Aprendizaje activo

● Niños pequeños

1. Colorea el dibujo
2. Juegos para aprender el versículo:
Peces: dibuje varios peces en una cartulina y recorte. Por la parte de atrás de cada pececito se le escribe una palabra del versículo a memorizar, escriba un versículo a memorizar para cada equipo. Trate de que haya un pececito para cada niño, por lo que podemos incluir varios pececitos que no tengan ninguna palabra. La caña de pescar se hace con un palito al que se le amarra un hilo, al final del hilo se le coloca una pinza de madera. Iniciamos la pesca, ponemos a los niños en un extremo del salón. A un niño de cada equipo le damos su caña de pescar y deberá correr al otro extremo del salón a pescar un pez y pasar la caña al siguiente niño. En el lugar en donde los niños van a lanzar su caña deberá estar una persona detrás de una mesa o unas sillas y tomará un pececito y lo pondrá en la pinza que lleva la caña de pescar de los niños. Mientras sacan los peces deben ir poniendo en orden el versículo.
Gana el equipo que arme más rápido el versículo.

Material:
*   Copias del dibujo y del pez para el juego
*   Crayones
*   Palitos de madera de 50 cm. aproximadamente
*   Hilo o estambre
*   2 pinzas de madera

● Niños GRANDES

1. Resuelve el laberinto
2. Contesta el cuestionaro
3. Desprende el versículo a memorizar, puedes usar tijeras con un corte decorativo. Guarda los versículos en el sobre que decoraste con anterioridad.
4. Juegos para aprender el versículo:
Se puede escribir cada palabra del versículo en una tarjeta. Por la parte de atrás de cada tarjeta se le escribe el número que ocupa en la frase o versículo. Cada tarjeta se pone dentro de un sobre y se esconde en el salón de clases, antes de que lleguen los niños. Después de la lección se les invita a encontrar los sobres con las tarjetas (se pueden esconder algunos sobres con tarjetas que no tengan número o palabra). Ya cuando se encuentran todas las tarjetas, hay que poner en orden el versículo. El versículo en orden se pega en el pizarrón y se repite con ellos varias veces.

Material:
*   Copias de las actividades
*   Lápices
*   Sobres y tijeras

Notas

SEMBRADOS
EN BUENA TIERRA

Niños pequeños

Hoja de actividades

Notas

....
....
....
....
....
....
....
....
....
....
....
....
....
....
....
....
....
....

Instrucciones:
Colorea el dibujo

7 { Una iglesia **con autoridad** }

«No hay autoridad que Dios no haya dispuesto».
Romanos 13:1 (NVI)

Notas

....

....

....

....

....

....

....

....

....

....

....

....

....

....

....

....

....

....

....

Niños GRANDES

Instrucciones:
Encuentra el camino a la meta

«No hay autoridad que Dios no haya dispuesto».
Romanos 13:1 (NVI)

Instrucciones: Ordena las letras de cada palabra y escríbela en la línea de la derecha.

7 { **Una iglesia con autoridad** }

DADIROTUA

_____

BALARA

_____

SIOD

_____

GUAA

_____

RAVAL

_____

NEIDECAIBO

_____

BOAR

_____

SAELIGI

_____

TONAM

_____

ALLATO

_____

«No hay autoridad que Dios no haya dispuesto».
Romanos 13:1 (NVI)

Niños GRANDES

Hoja de actividades

1 ¿Falso ó verdadero?

1. La autoridad de la iglesia es Dios

☐ FALSO   ☐ VERDADERO

2. Dios ha puesto las autoridades que hay en nuestra ciudad

☐ FALSO   ☐ VERDADERO

3. El manto significa servicio

☐ FALSO   ☐ VERDADERO

4. La toalla significa que es tiempo de bañarse

☐ FALSO   ☐ VERDADERO

5. «Ser lavados con la palabra» quiere decir que la palabra de Dios va limpiando nuestro espíritu

☐ FALSO   ☐ VERDADERO

6. Jesús fue reconocido por sus discípulos como Señor y Maestro

☐ FALSO   ☐ VERDADERO

2 Recorta el versículo y guárdalo en tu sobre

> **«No hay autoridad que Dios no haya dispuesto».**
> **Romanos 13:1 (NVI)**

Nos agradaría recibir noticias suyas.
Por favor, envíe sus comentarios sobre este libro
a la dirección que aparece a continuación.
Muchas gracias.

Editorial Vida
8410 N.W. 53rd Terrace, Suite 103
Miami, Florida 33166

Vida@zondervan.com
www.editorialvida.com